Sonnenblume

Inhaltsverzeichnis

BVK TH58 • Teresa Zabori: Themenheft „Sonnenblume"

Vorwort

Sonnenblumen leuchten uns im Sommer schon von weitem auf dem Feld entgegen: Alle Blütenköpfe blicken in eine Richtung. Die hohen, meist braun-gelben Blumen sind vielen Kindern gut bekannt und in der Regel bei allen sehr beliebt.

Sie lassen sich gut im 1./2. Schuljahr zur Langzeitbeobachtung einer Pflanze einsetzen: Im Frühjahr werden die Samen ausgesät, im Verlauf des Sommers bis hin zum Herbst können die Kinder beobachten, wie die Sonnenblumen wachsen und sich entwickeln. Im Winter können die verwelkten Pflanzen als Futter für die Vögel dienen. Somit können die Kinder beobachten, wie sich die Sonnenblume im Jahreslauf entwickelt.

Sonnenblumen sind robust und benötigen nicht besonders viel Pflege, sodass sie leicht im Klassenzimmer oder im Schulgarten angepflanzt werden können. Ein weiterer Vorteil der Sonnenblume ist, dass sie rasch wächst und relativ groß wird: Auch Schulanfänger können schon problemlos die einzelnen Pflanzenteile betrachten. Die Namen der einzelnen Bestandteile einer Blume können somit an ihr gut exemplarisch (für andere Blumen- bzw. Pflanzenarten) eingeführt werden.

In diesem Themenheft lernen die Kinder alles Wichtige rund um die beliebte Blume. Die Arbeitsblätter der Themenschwerpunkte „Wie sieht die Sonnenblume aus?“, „Die Entwicklung der Sonnenblume“ und „Was braucht die Sonnenblume zum Wachsen?“ werden in drei unterschiedlichen Schwierigkeitsstufen angeboten. Sie sind durch Symbole (= leicht, = mittel, = schwer) gekennzeichnet. Diese Arbeitsblätter eignen sich gut zur inneren Differenzierung, für inklusiven Unterricht, verschiedene Jahrgangsstufen oder als vorbereitende oder vertiefende Hausaufgaben. Im Anschluss an die Themenschwerpunkte finden Sie weitere Angebote zum Thema „Sonnenblume“.

In einer Lernzielkontrolle können die Kinder abschließend ihr erworbenes Wissen über die Sonnenblume testen.

Ich wünsche Ihnen mit Ihrer Klasse viel Spaß bei dem Sonnenblumen-Projekt!

Teresa Zabori

BVK TH58 • Teresa Zabori: Themenheft „Sonnenblume“

Sonnenblume

Hinweise

Allgemeine Infos über die Sonnenblume

Die Sonnenblume gehört zur Familie der Korbblütler und kommt ursprünglich aus Amerika. Spanische Seefahrer brachten sie im 16. Jahrhundert aus der Neuen Welt nach Europa. Lange Zeit wurde die Sonnenblume ausschließlich als Zierpflanze angepflanzt. Ab dem 19. Jahrhundert presste man aus ihren Kernen Öl. Sonnenblumenöl gilt als sehr gesund, da es viele ungesättigte Fettsäuren enthält.
In Deutschland gibt es inzwischen viele verschiedene Sonnenblumenarten: Manche werden nur etwa 40 cm hoch, während andere über vier Meter in den Himmel ragen. Dabei sehen nicht alle Sonnenblumen gleich aus: Während die Blütenkörbe einiger Arten innen braun und außen gelb leuchten, gibt es auch Arten mit orangefarbenen, roten oder rot-gelben äußeren Blütenblättern.
Der Blütenkorb der Sonnenblume besteht aus vielen einzelnen Blüten: Bei den braunen Blüten in der Mitte handelt es sich um sogenannte Röhrenblüten. Aus ihnen entwickeln sich nach der Befruchtung die Kerne. Die gelben, orangefarbenen oder roten äußeren Blütenblätter heißen Zungenblüten. An einer Sonnenblumenpflanze können sich mehrere Blütenkörbe ausbilden.
Der Stängel der Sonnenblume ist fest und mit vielen kleinen Härchen bedeckt. Die Blätter haben eine herzförmige Form. Sie sind an den Rändern gesägt und ebenfalls behaart.
Viele Menschen glauben, dass die Blüten der Sonnenblume immer zur Sonne zeigen, also im Laufe des Tages mit der Sonne „wandern".
Das stimmt so allerdings nicht. Sonnenblumen, deren Knospen noch geschlossen sind, richten sich in der Tat nach dem Stand der Sonne aus. Im Laufe des Tages folgen ihre Knospen und Blätter der Bewegung der Sonne von Osten nach Westen. Nachts oder in der Morgendämmerung richten sie sich dann wieder gen Osten aus.
Hat sich der Blütenkorb einer Sonnenblume jedoch geöffnet, folgt dieser nicht mehr dem Lauf der Sonne. Die Blüten der Sonnenblume zeigen von nun an immer nur in eine Richtung, meist in die der aufgehenden Sonne. Nach wie vor folgen jedoch die Blätter dem Stand der Sonne. Wegen dieses Phänomens bezeichnet man Sonnenblumen als heliotrop (griech. *hélios* = Sonne, *tropé* = Wendung, d. h. „Hinwendung zur Sonne").
Die Sonnenblume ist eine einjährige Pflanze, sie muss jedes Jahr neu angepflanzt werden.

Hinweise zu den einzelnen Angeboten

Hinweis zu S. 21 „Wir pflanzen Sonnenblumen“:
Nicht alle Sonnenblumenkerne sind zum Anpflanzen von Sonnenblumen geeignet. Passende Samen für Ihr „Pflanzprojekt“ erhalten Sie in einem Gartencenter oder in einer Gärtnerei. Bei der Auswahl der geeigneten Sorte sollten Sie sich daran orientieren, wo Sie mit Ihrer Klasse die Sonnenblumen anpflanzen werden (z. B. im Schulgarten oder in Blumenkästen bzw. Blumentöpfen): Während für den Anbau im Schulgarten auch langstielige Sorten geeignet sind, sollten Sie für das Anpflanzen im Blumenkasten bzw. -topf eine oder auch mehrere kurzstielige Sorten auswählen.

Im Blumentopf können die Sonnenblumen ab Mitte März vorgezogen werden. In den Osterferien können die Kinder „ihre“ Pflanzen mit nach Hause nehmen und sich um die Pflege (insbesondere das tägliche Gießen) kümmern. Nach den Ferien bzw. wenn es keine Nachtfröste mehr gibt, können die Sonnenblumen an einen sonnigen Platz nach draußen gestellt bzw. in Blumenkästen oder in den Schulgarten umgepflanzt werden. Da die Stängel recht dünn sind und leicht umknicken, sollten sie an einem Holzstöckchen befestigt werden.
Nach einigen Wochen entwickelt sich die Knospe, die sich kurze Zeit später zur Blüte öffnet. Je nachdem, wann die Samen ausgesät wurden, blüht die Sonnenblume in der Zeit zwischen Juni und Oktober. Im Herbst bzw. spätestens mit dem ersten Frost verwelkt die Sonnenblume. Die Kerne können als neue Samen für das nächste Frühjahr aufgehoben werden – oder als Vogelfutter dienen.
Wichtiger Hinweis: Die kleinwüchsigen Sonnenblumen-Arten, die sich gut für die Aufzucht in Töpfen eignen, werden mit Hormonen behandelt. Achten Sie deshalb bitte darauf, dass die Kerne dieser Sorten nicht von den Kindern gegessen werden.

Hinweis zu S. 22 „Mein Forscher-Heft: So wächst die Sonnenblume“:
Anhand dieses Heftchens können die Kinder ihre Beobachtungen zum Wachsen der selbst angepflanzten Sonnenblumen protokollieren. Die Seiten werden hintereinandergetackert. In regelmäßigen Abständen dokumentieren die Kinder das Aussehen und die Entwicklung der angepflanzten Blumen. Damit sie die Größe messen können, sollten ihnen mehrere Maßbänder zur Verfügung gestellt werden.

Hinweis zu S. 25 „Leckere Sonnenblumen-Speisen“:
Sollten die Kinder Schwierigkeiten bei der Lösung der Aufgabe haben, könnten Sie die abgebildeten Lebensmittel im Vorfeld besprechen und ggf. erklären.

BVK TH58 • Teresa Zabori: Themenheft „Sonnenblume“

Sonnenblume

Anregungen für den fächerübergreifenden Unterricht

Das Thema „Sonnenblume“ ist gut für den fächerübergreifenden Unterricht geeignet. Im Folgenden finden Sie einige Anregungen.

Deutsch:

- Wortfeldübungen zu den Begriffen „Sonnenblume“ / „Sonne“ / „Blume“
- Gedichte zur Sonnenblume
- Elfchen zum Thema „Sonnenblume“ schreiben

Mathematik:

- regelmäßiges Messen der angepflanzten Sonnenblumen mit dem Maßband: Wie viele Zentimeter sind die Pflanzen (in einer Woche / einem Monat / dem Beobachtungszeitraum) gewachsen?
- Abschließender Vergleich: Welche Sonnenblume ist am größten? Wie viele Zentimeter ist sie größer als die zweitgrößte Sonnenblume?
- Wie groß ist die kleinste Sonnenblume?
- Um wie viele Zentimeter ist diese kleiner als die größte Sonnenblume?
- Wie viele Zentimeter ist die Sonnenblume kleiner als die Kinder, die sie gepflanzt haben?
- Mengen sortieren mit Sonnenblumenkernen
- geometrische Muster zeichnen (Anregung: Spiralen / Kreise der Kerne in den Sonnenblumen)

Kunst:

- Malen eines (möglichst) detaillierten Bildes einer Sonnenblume mit Wasserfarben; die Blüten, der Stängel und die Blätter sollten möglichst naturnah gestaltet werden. Der Hintergrund kann zum Beispiel mit blauer Farbe getupft werden. Als Anregungen können die „Sonnenblumen-Bilder“ von Vincent van Gogh oder das Gemälde „Ein Strauß Sonnenblumen“ von Claude Monet dienen. Als Vorlage zum Abmalen sind diese Bilder jedoch zu anspruchsvoll, hierbei sollten die Schülerinnen und Schüler sich an ihren selbst gepflanzten Sonnenblumen orientieren.
- Gestalten von Sonnenblumen-Fensterbildern mit Transparentpapier
- Aufmalen von Sonnenblumen mit Stoffmalfarbe auf Textilien (z. B. alte T-Shirts oder weiße Stoffbeutel)

BVK TH58 • Teresa Zabori: Themenheft „Sonnenblume“

Sonnenblume

Weitere Aktivitäten zum Thema „Sonnenblume“

- Fotodokumentation der Sonnenblumen in der Klasse: Die Kinder fotografieren die gepflanzten Sonnenblumen in regelmäßigen Abständen (z. B. jede Woche). Die Bilder werden ausgedruckt, mit dem jeweiligen Datum versehen und zum Beispiel auf Plakaten (oder an einer Art „Zeitleiste“) in der Klasse aufgehängt. So ist die Entwicklung der Pflanzen für alle Schülerinnen und Schüler jederzeit auf den ersten Blick gut nachvollziehbar.
- Meisenknödel aus Sonnenblumenkernen mit der Klasse herstellen, diese im Winter als „Vogelfutter“ im Schulgarten aufhängen
- Die verwelkten Sonnenblumenblüten trocknen lassen. Beobachten und zeichnen: Wie sieht der „Kopf“ der Sonnenblume jetzt aus? Anschließend Vergleich mit den Bildern der Blütenköpfe im Sommer
- verwelkte, getrocknete Sonnenblumenblüten im Winter im Freien aufhängen Beobachten: Welche Tiere ernähren sich von den Kernen?
- Brötchen mit Sonnenblumenkernen backen
- Ausflug in ein Sonnenblumenlabyrinth
- Besuch einer Fabrik, in der Sonnenblumenöl hergestellt wird

Vorschläge für die Gruppenarbeit

Zum Einstieg in das Thema bieten sich zum Beispiel die folgenden Möglichkeiten an:

- In die Mitte der Tafel wird eine große Sonnenblumenblüte gemalt. Rundherum werden Begriffe notiert, die den Kindern auf Anhieb zu dem Thema einfallen. Dabei kann es sich sowohl um einzelne Teile der Pflanze, wie zum Beispiel „Kerne“, „Stängel“ oder „Blätter“, handeln als auch um andere Assoziationen der Kinder (z. B. „Sonne“, „Erde“ oder „Samen“).

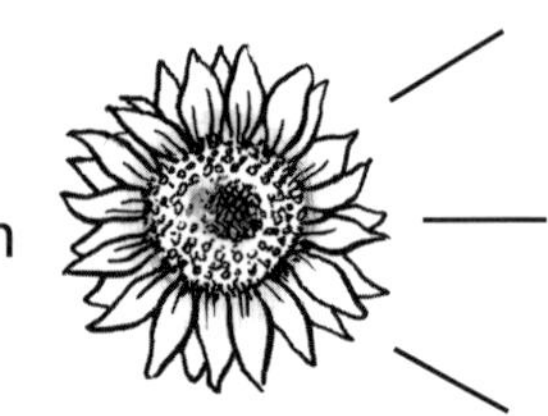

- Ratespiel: Die Lehrkraft hält eine Sonnenblume unter einem Tuch verborgen. Sie fordert die Kinder dazu auf zu raten, was sich unter dem Tuch verbirgt. Dabei dürfen die Kinder nur „Ja-“ / „Nein“-Fragen stellen, wie zum Beispiel: „Ist das eine Pflanze?“ „Ist das eine Blume?“ „Ist die Blume gelb?“ Fällt den Kindern das Raten zu schwer, kann die Lehrkraft ihnen auch Tipps geben wie: „Es handelt sich um eine Blume.“ Oder: „Sie hat Kerne.“

Internetadressen:

- Viele weiterführende Informationen und Materialien zum Thema „Sonnenblume“ finden sich unter: *www.luebecker-schulgarten.de/files/Die%20Sonnenblume.pdf*
- Video: Drehen sich Sonnenblumen wirklich nach der Sonne? *www.wdrmaus.de/filme/sachgeschichten/sonnenblumen_drehen.php5*

BVK TH58 • Teresa Zabori: Themenheft „Sonnenblume“

Vorwort des Verlages

Liebe Kolleginnen, liebe Kollegen,

mit dem THemen-Heft **Sonnenblume** aus der Themenheft-Reihe haben Sie eine Materialsammlung erworben, die Ihnen aufgrund des Aufbaus vielfältige Einsatzmöglichkeiten bietet:

- Einsatz als Themenheft, als Projekt oder auch als Werkstatt (durch die beigefügte Blanko-Auftragskarte)

- Fächerübergreifende Bearbeitung des Themas

- Arbeitsblätter zu den **Themenschwerpunkten** entsprechend Lehrplan Sachunterricht (bzw. dem Fach Mensch, Natur und Kultur) und Deutsch

- Dreifache Differenzierung dieser Arbeitsblätter
  – zur inneren Differenzierung
  – zur vorbereitenden oder vertiefenden Hausaufgabe
  – für verschiedene Jahrgangsstufen
  – für jahrgangsübergreifende Lerngruppen
  – für inklusiven Unterricht

- Die Reihenfolge der Themenschwerpunkte kann variiert werden.

- Weiterführendes Arbeiten über das Kernthema hinaus durch (nicht differenzierte) Arbeitsblätter zu **Zusatzthemen**

Zu Ihrer Arbeitserleichterung enthält dieses Heft:
- Vorschläge für die Gruppenarbeit
- eine Lernzielkontrolle zur Überprüfung des erlernten Wissens der Kinder zum Thema
- einen Beurteilungsbogen zur Rückmeldung des Arbeitsverhaltens für die Schülerinnen und Schüler

Wir wünschen Ihnen viel Erfolg bei der Arbeit mit dem Themenheft „Sonnenblume“.

Ihr BVK Buch Verlag Kempen

BVK TH58 • Teresa Zabori: Themenheft „Sonnenblume“

RÜCKMELDUNG			
Liebe / r ____ , so hast du beim Thema „Sonnenblume“ gearbeitet:			
	🙂	😐	🙁
Du hast konzentriert gearbeitet.			
Du hast selbstständig gearbeitet.			
Du hast engagiert gearbeitet.			
Du hast dich an Unterrichtsgesprächen beteiligt.			
Du hast deine Mappe in Ordnung gehalten.			
Kommentar:			

Auftragskarte zu Werkbereich

Sonnenblume

Sonnenblume

Übersicht über die Themenschwerpunkte

Themenschwerpunkt	Schwierigkeitsgrad			
	einfach	mittel	schwer	Seite
Wie sieht die Sonnenblume aus?	Wo siehst du Sonnenblumen?	Wie sieht eine Sonnenblume aus?	Die Sonnenblume	10
Die Entwicklung der Sonnenblume	Vom Samen zur Blume	So wächst die Sonnenblume	Die Entwicklung der Sonnenblume	14
Was braucht die Sonnenblume zum Wachsen?	Was braucht die Sonnenblume?	Das braucht die Sonnenblume zum Leben	Was braucht die Sonnenblume zum Wachsen?	17

Übersicht über die zusätzlichen Angebote

Lernangebote	Seite
Forscherseite: Die Sonnenblume unter der Lupe	20
Wir pflanzen Sonnenblumen	21
Mein Forscher-Heft: So wächst die Sonnenblume	22
Ein Tag mit der Sonnenblume	23
Viele Tiere brauchen die Sonnenblume	24
Leckere Sonnenblumen-Speisen	25
Suchsel rund um die Sonnenblume	26
Lernzielkontrolle: Was hast du behalten?	27

Name: ________________________ Datum: ____________

Wo siehst du Sonnenblumen?

Es sind ☐ Sonnenblumen.

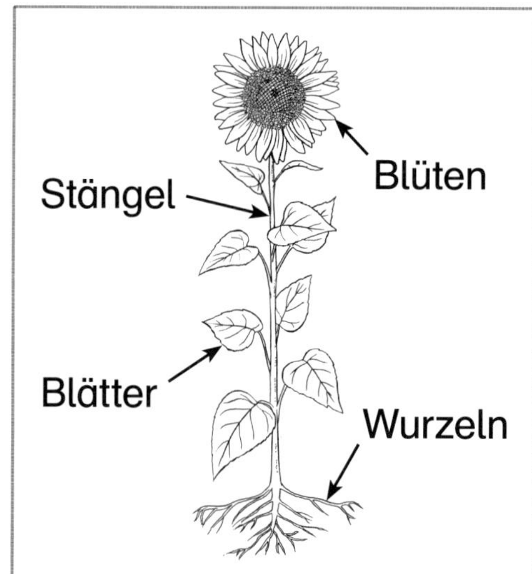

Aufgaben

1. Wo siehst du Sonnenblumen? ○ Umkreise sie.
2. Zähle die Sonnenblumen. Schreibe die Zahl in das Kästchen.
3. Male die Sonnenblumen an: Blüten – gelb, Kerne – braun, Stängel und Blätter – grün.
4. Male nun das ganze Bild bunt an.

BVK TH58 • Teresa Zabori: Themenheft „Sonnenblume“

Name: ______________________________ Datum: ______________

Wie sieht eine Sonnenblume aus?

Blüten – Stängel – Blätter – Wurzeln

Aufgaben

1. Schaue dir die Sonnenblume gut an.
2. Lies die Namen der Pflanzenteile. Schreibe sie auf die richtigen Linien.
3. Male die Sonnenblume an: Kerne und Wurzeln – braun, Blütenblätter – gelb, Stängel – grün, Blätter – grün.

BVK TH58 • Teresa Zabori: Themenheft „Sonnenblume“

Name: ______________________ Datum: ____________

Die Sonnenblume (1)

Die Sonnenblume hat verschiedene Blüten. Außen sind die gelben **Zungenblüten.** In der Mitte sitzen viele kleine braune **Röhrenblüten.** Aus den Röhrenblüten entwickeln sich später die Kerne.
Der grüne **Stängel** der Sonnenblume ist fest und behaart. Die großen **Blätter** sind wie ein Herz geformt. Auch auf ihnen wachsen kleine Haare.
Die **Wurzeln** reichen tief in die Erde. Sie halten die Sonnenblume im Boden fest. Mit den Wurzeln nimmt die Sonnenblume Nährstoffe und Wasser aus dem Boden auf.

Aufgaben

1. Lies den Text. Unterstreiche die Namen der Pflanzenteile.
2. Schreibe die Namen der Pflanzenteile auf die richtigen Linien.

BVK TH58 • Teresa Zabori: Themenheft „Sonnenblume“

Name: ______________________ Datum: __________

Die Sonnenblume (2)

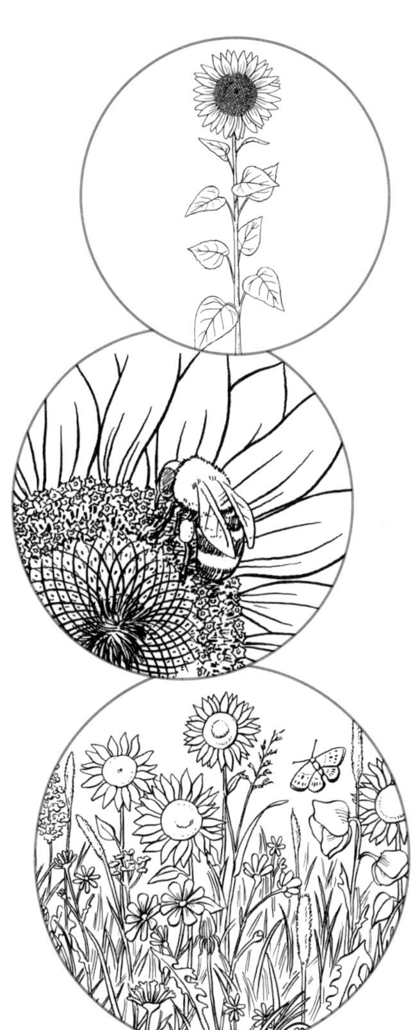

1. Die Blüten der Sonnenblume heißen …

… Zungenblüten.	S
… Lippenblüten.	E
… Röhrenblüten.	O

2. Sonnenblumenkerne wachsen …

… aus den Röhrenblüten.	M
… am Stängel.	S
… aus den Zungenblüten.	A

3. Die Blätter sind …

… rund.	T
… eiförmig.	N
… herzförmig.	M

4. Feine Härchen sitzen auf …

… den Blättern.	E
… den Blüten.	N
… dem Stängel.	R

5. Mit den Wurzeln nimmt die Sonnenblume …

… das Sonnenlicht auf.	!
… die Kerne auf.	?
… Wasser und Nährstoffe auf.	.

Lösungssatz: Die Sonnenblume blüht im ___ ___ ___ ___ ___ ___ ___

Aufgaben

1. Lies die Sätze oben. Was ist richtig?
   ○ Kreise den richtigen Buchstaben ein.
   Achtung: Manchmal sind mehrere Antworten richtig!
2. Schreibe das Lösungswort auf die Linien.

Name: ______________________________ Datum: ______________

Vom Samen zur Blume

Aufgaben

1. Schneide die Bilder aus.
2. Schaue sie dir gut an.
3. Bringe die Bilder in die richtige Reihenfolge.
   Schreibe dazu die Zahlen von 1 – 6 in die Kreise.
4. **Prüfe:** Ist alles richtig?
   Dann klebe die Bilder auf ein Blatt Papier.

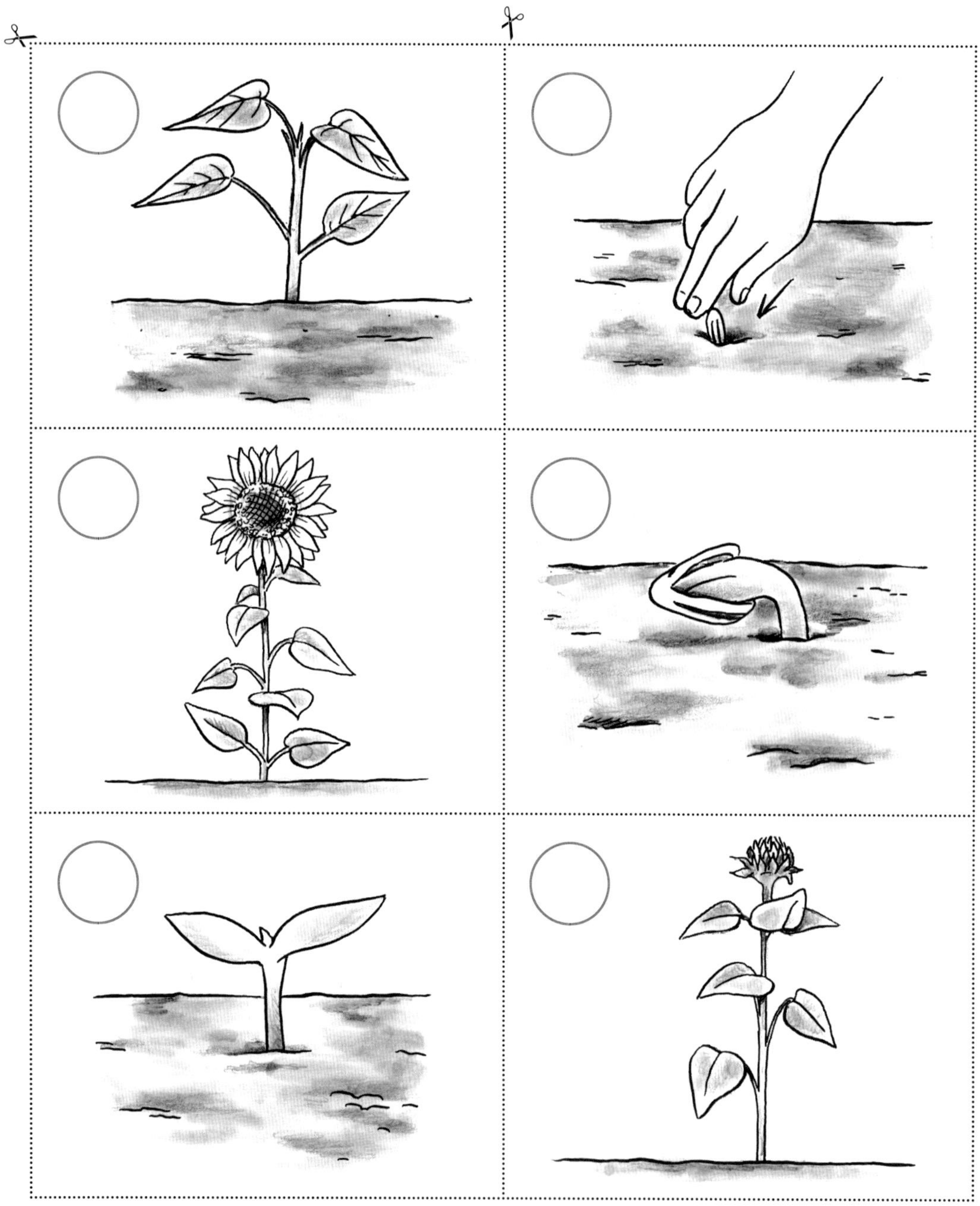

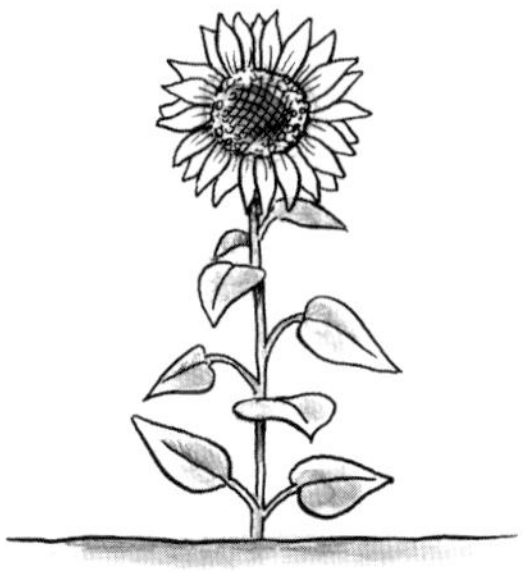

Name: ______________________________ Datum: ____________

So wächst die Sonnenblume

Der Samen wird in die Erde gepflanzt.

Eine kleine grüne Pflanze wächst aus der Erde.

Zwei Blätter öffnen sich.

Der Stängel wächst. Am Stängel sind viele Blätter.

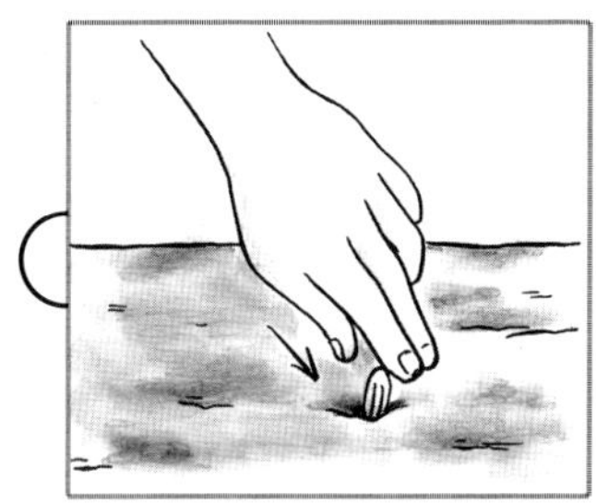

Es wächst ein grüner Blütenkopf.

Die Sonnenblume blüht. Die Blüten in der Mitte sind braun. Die Blüten am Rand sind gelb.

Aufgaben

1. Lies die Sätze. Schaue dir die Bilder an. Verbinde richtig.
2. Male die Sonnenblume in den richtigen Farben an.

BVK TH58 • Teresa Zabori: Themenheft „Sonnenblume"

Name: ______________________________ Datum: ____________

Die Entwicklung der Sonnenblume

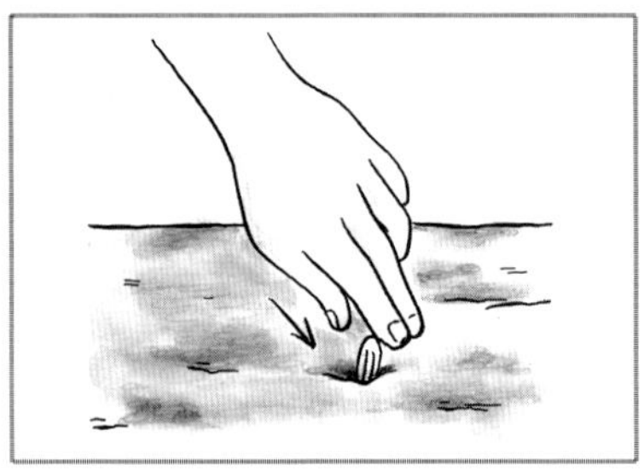

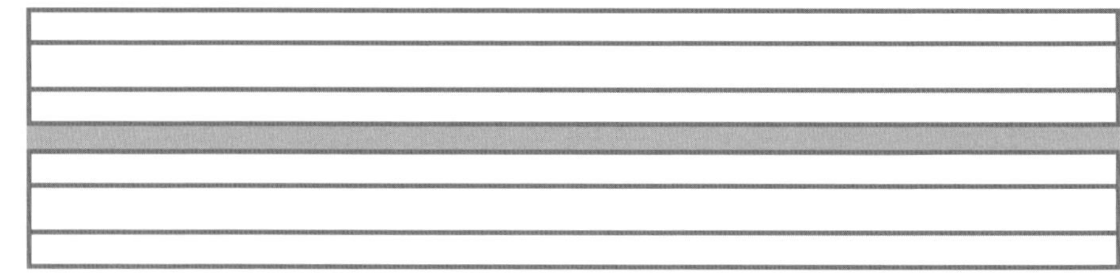

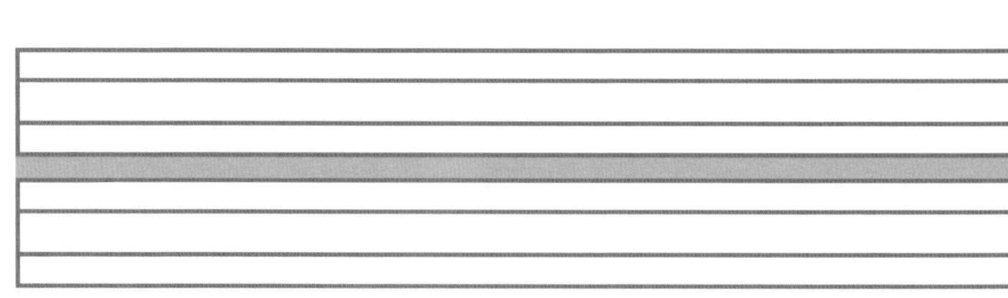

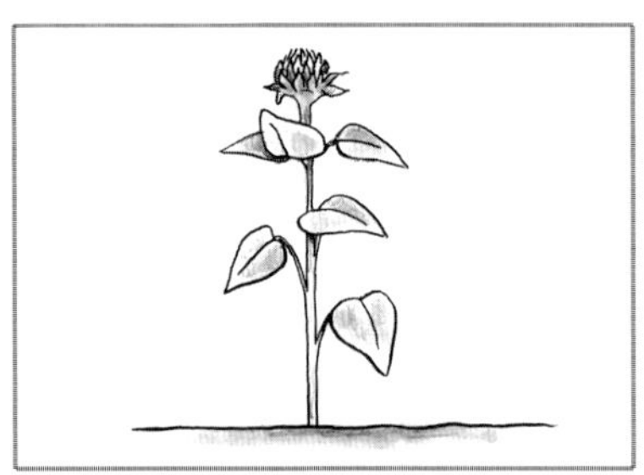

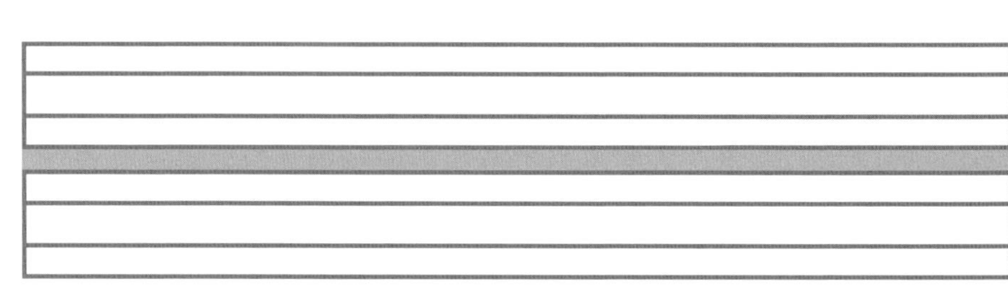

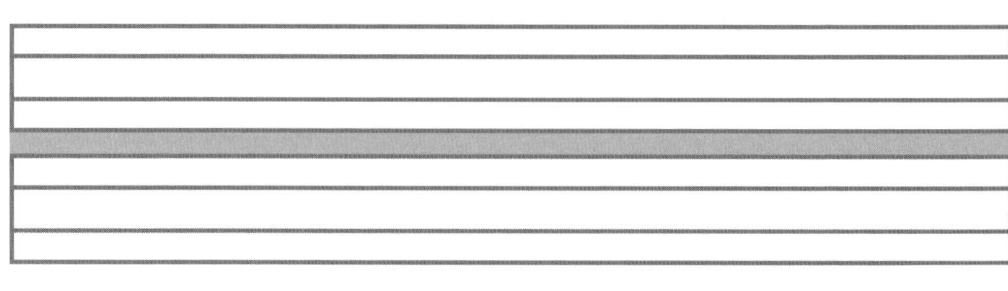

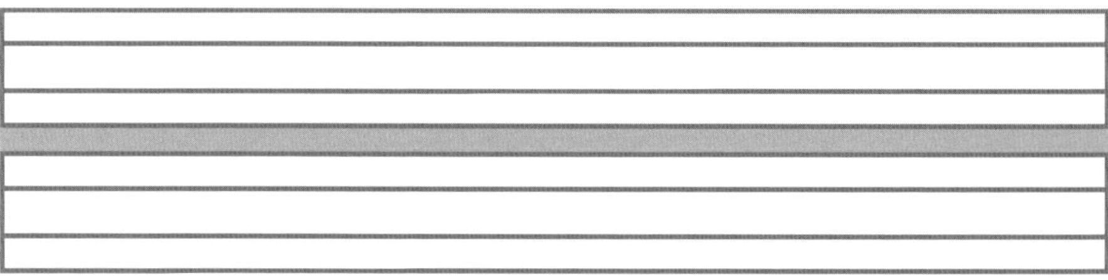

Aufgaben

1. Schaue dir die Bilder gut an.
2. Beschreibe, was du siehst. Schreibe ganze Sätze.
   Diese Wörter helfen dir:
   Samen – Keimling – Blütenkopf – Blüte – verwelkt

Name: ______________________________ Datum: ______________

Was braucht die Sonnenblume?

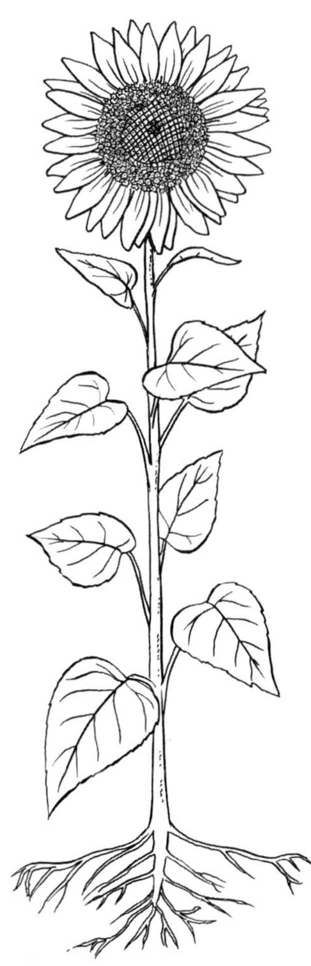

Die Sonnenblume braucht Sonne, Wasser, Luft und Erde.

Aufgaben

1. Male, was die Sonnenblume braucht:

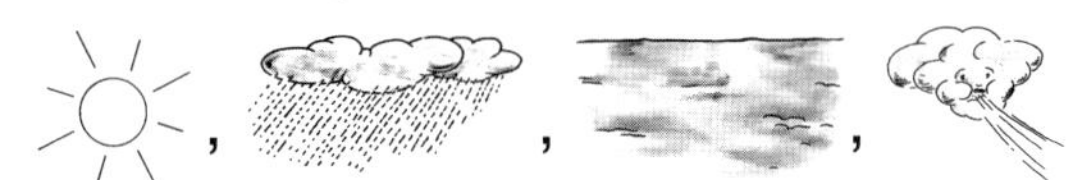

2. Male das Bild bunt an.

BVK TH58 • Teresa Zabori: Themenheft „Sonnenblume“

Name: ______________________ Datum: ____________

Das braucht die Sonnenblume zum Leben

Die Sonnenblume braucht viel 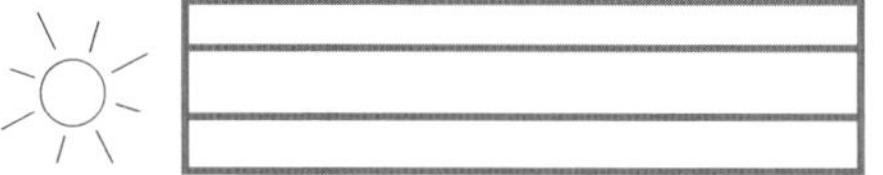 .

Sie atmet  , wie wir Menschen.

Die Sonnenblume braucht gute 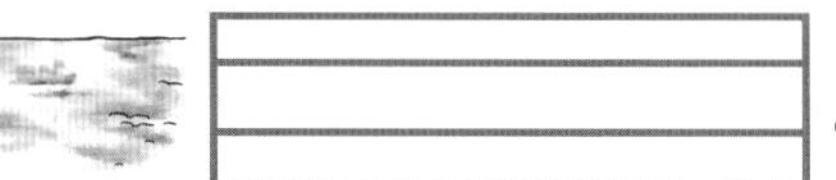 .

Auch  ist wichtig für die Sonnenblume.

Wenn es nicht  , musst du

die Sonnenblume  .

Wasser – Luft – Erde – gießen – Sonne – regnet

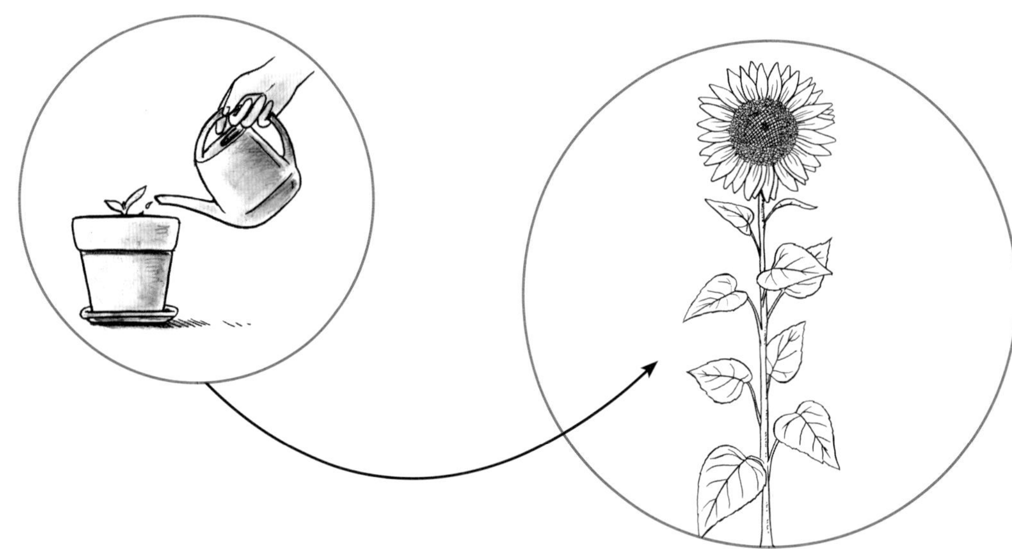

Aufgaben

1. Lies den Lückentext und schaue dir die Bilder an.
2. Setze die richtigen Wörter aus dem Kasten ein.

BVK TH58 • Teresa Zabori: Themenheft „Sonnenblume“

Name: ______________________ Datum: ____________

Was braucht die Sonnenblume zum Wachsen?

Die Sonnenblume braucht Erde. Mit den Wurzeln nimmt sie Nährstoffe und Wasser aus der Erde auf. Die Sonnenblume braucht Wasser, damit sie nicht vertrocknet. Wenn es nicht regnet, musst du die Sonnenblume gießen. Die Erde gibt den Wurzeln auch einen festen Halt. So kann der Stängel gerade nach oben wachsen.
Die Sonnenblume braucht Luft, wie wir Menschen. Mit den Blättern nimmt sie ein bestimmtes Gas aus der Luft auf.
Auch Sonne ist wichtig für die Sonnenblume. Die Pflanze muss immer an einem sonnigen Platz stehen, damit sie gut wachsen kann. Die Blätter und die grüne Knospe drehen sich immer in die Richtung der Sonne.

	richtig 🙂	falsch 🙁
1. In der Erde sind viele Nährstoffe für die Sonnenblume.	B	T
2. Die Sonnenblume braucht Luft.	L	A
3. Auch im Schatten wächst die Sonnenblume gut.	R	Ü
4. Die Knospe und die Blätter drehen sich immer zur Sonne hin.	T	P
5. Die Sonnenblume kann lange Zeit ohne Wasser leben.	I	E
6. Wenn es nicht regnet, musst du die Sonnenblume gießen.	N	R

Lösungswort: ___ ___ ___ ___ ___ ___

Aufgaben

1. Lies den Text.
2. Was braucht die Sonnenblume zum Wachsen? Unterstreiche.
3. Sind die Sätze richtig 🙂 oder falsch 🙁? ○ Kreise die richtigen Buchstaben ein.
4. Schreibe das Lösungswort auf die Linien.

BVK TH58 • Teresa Zabori: Themenheft „Sonnenblume“

Name: ____________________ Datum: ____________

Forscherseite: Die Sonnenblume unter der Lupe

Du brauchst:

1 Sonnenblume, 1 Lupe, 1 Bleistift, 1 Radiergummi, Buntstifte

So sieht die Blüte aus: | So sieht der Stängel aus: | So sieht ein Blatt aus:

Beschreibe, wie die Sonnenblume aussieht:

Die äußeren Blütenblätter ____________________.

Die inneren Blütenblätter ____________________.

Der Stängel ____________________.

Die Blätter ____________________.

Aufgaben

1. Schaue dir die einzelnen Teile der Sonnenblume ganz genau an. Nimm die Lupe zu Hilfe.
2. Zeichne die einzelnen Teile der Sonnenblume.
   Male sie dann in den richtigen Farben an.
3. Beschreibe, wie sie aussehen.

Name: ______________________ Datum: ____________

Wir pflanzen Sonnenblumen

Du brauchst:
einige Sonnenblumensamen, 1 Blumentopf, 1 Untersetzer, Blumenerde, etwas Kies, 1 kleine Schaufel, 1 Gießkanne mit Wasser, Plastikfolie, Kordel

So geht es:

1. Lege zuerst eine kleine Schicht Kies in den Blumentopf.

2. Fülle den Blumentopf mit Erde.

3. Stecke dann mehrere Samen einzeln in die Erde.

4. Gieße die Erde mit etwas Wasser.

5. Spanne eine Folie über die Erde.

6. Stelle den Blumentopf an einen sonnigen Platz.

7. Gieße die Erde jeden Tag. Sie sollte immer etwas feucht sein.

8. Nach einigen Tagen sprießen aus der Erde kleine grüne Triebe. Wenn diese groß genug sind, kannst du die Folie entfernen.

9. Beobachte, wie die Sonnenblumen wachsen.

Tipp: Wenn die Pflanzen größer werden, brauchen sie mehr Platz. Pflanze jede Blume in einen eigenen Blumentopf oder in den Garten um.

BVK TH58 • Teresa Zabori: Themenheft „Sonnenblume“

Name: ____________________ Datum: __________

Mein Forscher-Heft: So wächst die Sonnenblume

Mein Forscher-Heft zur Sonnenblume

Name: ____________________

So sieht meine Sonnenblume aus:

Datum:

____

Größe:

________ cm

So sieht meine Sonnenblume aus:

Datum:

____

Größe:

________ cm

So sieht meine Sonnenblume aus:

Datum:

____

Größe:

________ cm

So sieht meine Sonnenblume aus:

Datum:

____

Größe:

________ cm

So sieht meine Sonnenblume aus:

Datum:

____

Größe:

________ cm

Name: ______________________ Datum: ____________

Ein Tag mit der Sonnenblume

Die Sonnenblume dreht die grüne Knospe und die Blätter immer in die Richtung der Sonne. Nachts drehen sich die Blätter und die Knospe zurück nach Osten. Dort geht am Morgen die Sonne wieder auf.

Morgen

Mittag

Abend

Nacht

Aufgaben

1. Lies die Sätze.
2. Schaue dir die Bilder an.
3. Male die Knospen der Sonnenblumen in die Bilder.
4. Wohin drehen sich die Knospe und die Blätter nachts?
   Male in das leere Bild die passende Sonnenblume dazu.
   Achtung: Die Knospen und Blätter sollen immer zur Sonne zeigen!

BVK TH58 • Teresa Zabori: Themenheft „Sonnenblume“

Name: ______________________ Datum: ____________

Viele Tiere brauchen die Sonnenblume

Sommer

Viele Insekten wie ______________________ und ______________________ trinken den Blütensaft.

Den Blütensaft nennt man Nektar.

Herbst

______________________ picken die Kerne heraus.

______________________ sammeln sie vom Boden auf.

Aufgaben

1. Schaue dir die Bilder an.
2. Welche Tiere brauchen die Sonnenblume?
   Schreibe die Namen auf die Linien.
3. Male die Bilder bunt.

Name: ________________________ Datum: ____________

Leckere Sonnenblumen-Speisen

Aufgaben

1. In welchen Lebensmitteln stecken Sonnenblumenkerne?
   Male die Bilder unten bunt an.
2. Schneide die Bilder aus.
   Klebe dann die richtigen Bilder in den Korb.
3. Kennst du noch ein anderes Lebensmittel mit Sonnenblumenkernen? Male es auf ein Blatt, schneide es aus und klebe es in den Korb.

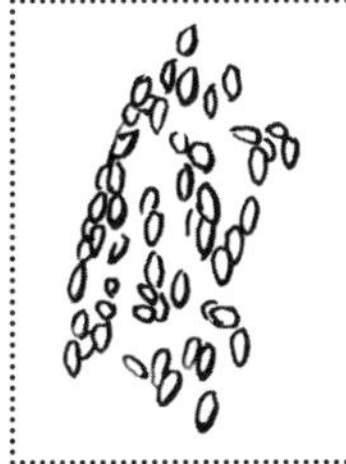

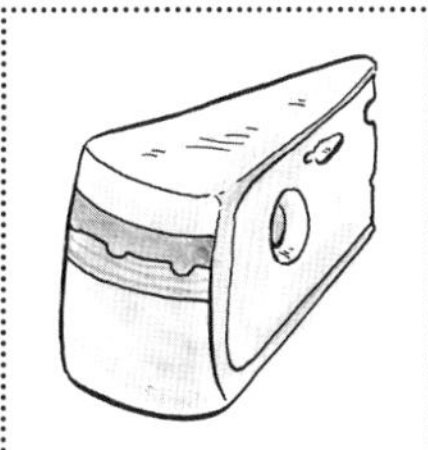

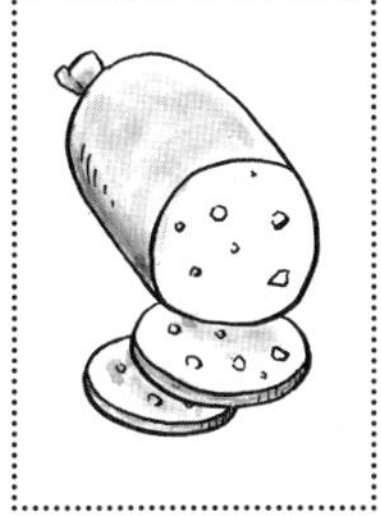

BVK TH58 • Teresa Zabori: Themenheft „Sonnenblume“

Name: ______________________ Datum: ____________

Suchsel rund um die Sonnenblume

W	K	U	S	T	Ä	N	G	E	L	K
U	N	V	O	G	B	P	F	O	T	P
S	O	N	N	E	N	B	L	U	M	E
M	S	R	N	G	C	P	T	R	M	Ö
P	P	C	E	T	Ä	I	X	Z	A	W
R	E	N	X	B	L	Ü	T	E	L	U
T	V	L	N	U	D	X	I	R	C	R
A	P	F	L	A	N	Z	E	D	I	Z
W	A	S	S	E	R	A	C	E	P	E
U	Z	Y	A	D	F	G	H	T	B	L
X	Ü	B	L	Ä	T	T	E	R	Ö	N

Aufgaben

1. Im Suchsel haben sich 10 Wörter versteckt. Findest du sie?
   Suche waagerecht → und senkrecht ↓.
2. Markiere sie bunt.
3. Schreibe sie auf die Linien.

BVK TH58 • Teresa Zabori: Themenheft „Sonnenblume“

Name: ________________________ Datum: ____________

Was hast du behalten?

1. Wie heißen die Teile der Sonnenblume? Schreibe auf die Linien.

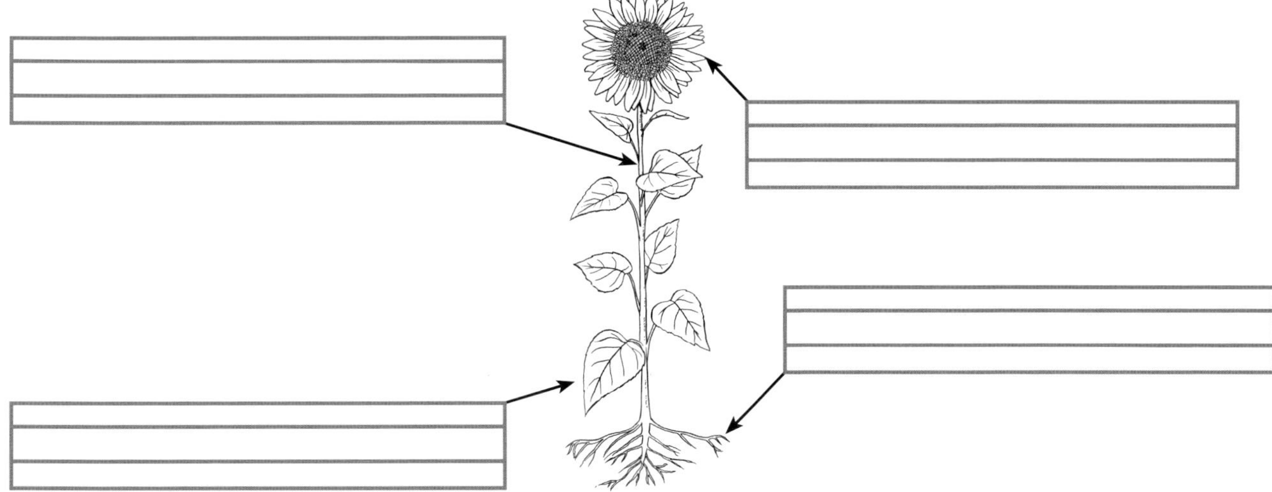

2. Nummeriere die Bilder in der richtigen Reihenfolge von 1 – 4.

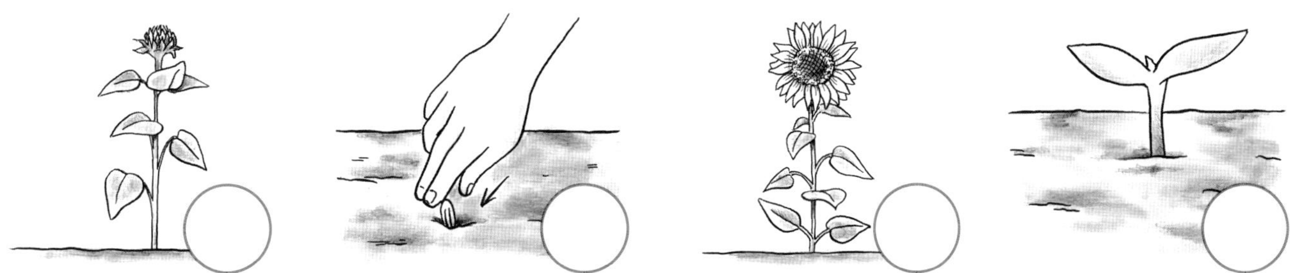

3. Was braucht die Sonnenblume?
   Male an. Streiche die falschen Bilder durch.

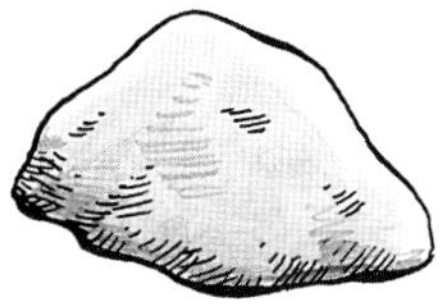

4. Was ist richtig? ☒ Kreuze an.
   - ☐ Die Kerne der Sonnenblume kann man essen.
   - ☐ Die Sonnenblume blüht im Winter.
   - ☐ Die Blüten sind braun und gelb.
   - ☐ Die Kerne wachsen direkt am Stängel.

BVK TH58 • Teresa Zabori: Themenheft „Sonnenblume“

Lösungen

zu S. 10: „Wo siehst du Sonnenblumen?“
Es sind **7** Sonnenblumen.

Zu S. 12 „Die Sonnenblume (1)“

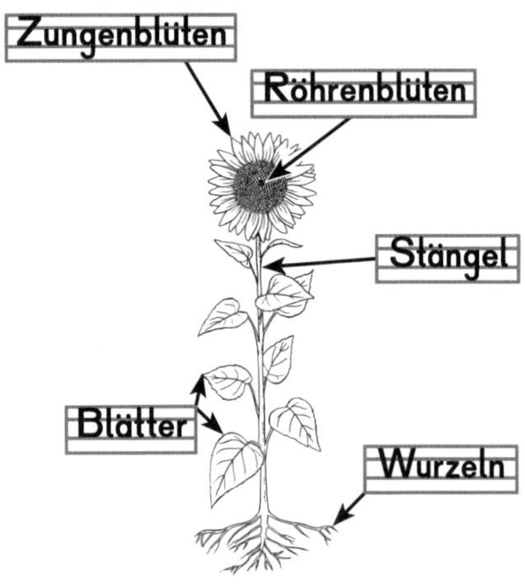

zu S. 13: „Die Sonnenblume (2)“
Lösungswort: SOMMER.

Zu S. 14 „Vom Samen zur Blume“

zu S. 18: „Das braucht die Sonnenblume zum Leben“
Die Sonnenblume braucht viel **Sonne.** Sie atmet **Luft,** wie wir Menschen. Die Sonnenblume braucht gute **Erde.** Auch **Wasser** ist wichtig für die Sonnenblume. Wenn es nicht **regnet,** musst du die Sonnenblume **gießen.**

zu S. 19: „Was braucht die Sonnenblume zum Wachsen?“
Lösungswort: BLÜTEN

zu S. 23: „Ein Tag mit der Sonnenblume“

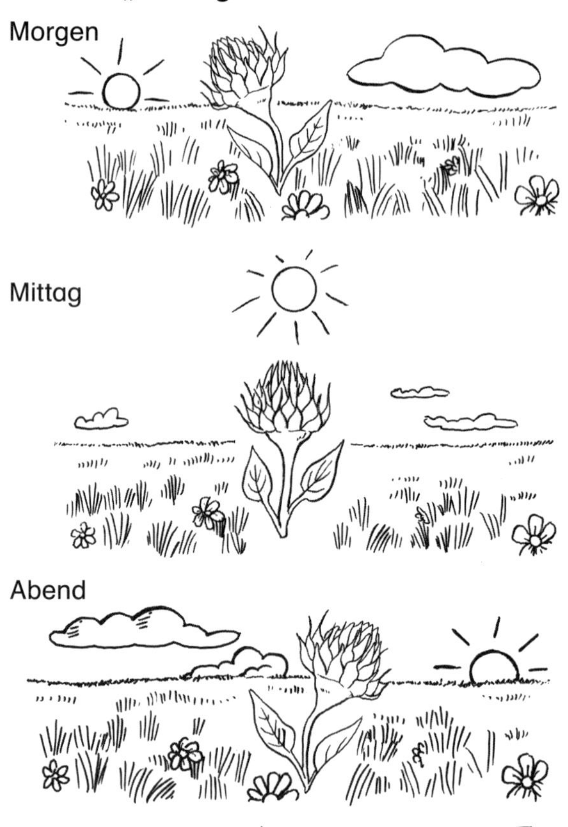

zu S. 24: „Viele Tiere brauchen die Sonnenblume“
Viele Insekten wie **Schmetterlinge** und **Bienen** trinken den Blütensaft. Den Blütensaft nennt man Nektar.
Vögel picken die Kerne heraus.
Mäuse sammeln sie vom Boden auf.

zu S. 26: „Suchsel rund um die Sonnenblume“

	K		S	T	Ä	N	G	E	L	
	N		O							
S	O	N	N	E	N	B	L	U	M	E
	S		N							
	P		E							W
	E			B	L	Ü	T	E		U
								R		R
	P	F	L	A	N	Z	E	D		Z
W	A	S	S	E	R			E		E
										L
		B	L	Ä	T	T	E	R		N

BVK TH58 • Teresa Zabori: Themenheft „Sonnenblume“